TRANZLATY

Mae iaith i bawb

Language is for everyone

Harddwch a'r Bwystfil

Beauty and the Beast

Gabrielle-Suzanne Barbot de Villeneuve

Cymraeg / English

Copyright © 2025 Tranzlaty
All rights reserved
Published by Tranzlaty
ISBN: 978-1-83566-997-6
Original text by Gabrielle-Suzanne Barbot de Villeneuve
La Belle et la Bête
First published in French in 1740
Taken from The Blue Fairy Book (Andrew Lang)
Illustration by Walter Crane
www.tranzlaty.com

Bu yno unwaith fasnachwr cyfoethog
There was once a rich merchant
bu gan y masnachwr cyfoethog hwn chwech o blant
this rich merchant had six children
bu iddo dri mab a thair merch
he had three sons and three daughters
ni arbedodd unrhyw gost am eu haddysg
he spared no cost for their education
am ei fod yn ddyn o synwyr
because he was a man of sense
ond efe a roddodd i'w blant lawer o weision
but he gave his children many servants
yr oedd ei ferched yn hynod brydferth
his daughters were extremely pretty
ac yr oedd ei ferch ieuengaf yn arbennig o brydferth
and his youngest daughter was especially pretty
fel plentyn roedd ei harddwch eisoes yn cael ei edmygu
as a child her Beauty was already admired
a'r bobl a'i galwodd hi wrth ei phrydferthwch
and the people called her by her Beauty
ni phylodd ei harddwch wrth iddi heneiddio
her Beauty did not fade as she got older
felly yr oedd y bobl yn dal i'w galw gan ei phrydferthwch
so the people kept calling her by her Beauty
gwnaeth hyn ei chwiorydd yn genfigennus iawn
this made her sisters very jealous
yr oedd gan y ddwy ferch hynaf lawer o falchder
the two eldest daughters had a great deal of pride
eu cyfoeth oedd ffynhonnell eu balchder
their wealth was the source of their pride
ac ni chuddiasant eu balchder ychwaith
and they didn't hide their pride either
nid ymwelsant â merched masnachwyr eraill
they did not visit other merchants' daughters
oherwydd nid ydynt ond yn cyfarfod â phendefigaeth
because they only meet with aristocracy

roedden nhw'n mynd allan bob dydd i bartïon
they went out every day to parties
peli, dramâu, cyngherddau, ac ati
balls, plays, concerts, and so forth
a chwerthin a wnaethant am eu chwaer ieuengaf
and they laughed at their youngest sister
oherwydd treuliodd y rhan fwyaf o'i hamser yn darllen
because she spent most of her time reading
yr oedd yn dra hysbys eu bod yn gyfoethog
it was well known that they were wealthy
felly yr oedd amryw o fasnachwyr hyawdl yn gofyn am eu llaw
so several eminent merchants asked for their hand
ond dywedasant nad oeddynt yn myned i briodi
but they said they were not going to marry
ond yr oeddynt yn barod i wneyd rhai eithriadau
but they were prepared to make some exceptions
"Efallai y gallwn i briodi Dug"
"perhaps I could marry a Duke"
"Mae'n debyg y gallwn i briodi Iarll"
"I guess I could marry an Earl"
harddwch sifil iawn diolchodd y rhai a gynigiwyd iddi
Beauty very civilly thanked those that proposed to her
dywedodd wrthyn nhw ei bod hi dal yn rhy ifanc i briodi
she told them she was still too young to marry
roedd hi eisiau aros ychydig mwy o flynyddoedd gyda'i thad
she wanted to stay a few more years with her father
Ar unwaith collodd y masnachwr ei ffortiwn
All at once the merchant lost his fortune
collodd bob peth heblaw plasty bychan
he lost everything apart from a small country house
ac efe a ddywedodd wrth ei blant â dagrau yn ei lygaid:
and he told his children with tears in his eyes:
"Rhaid i ni fynd i gefn gwlad"
"we must go to the countryside"
"a rhaid i ni weithio er ein bywoliaeth"

"and we must work for our living"
doedd y ddwy ferch hynaf ddim eisiau gadael y dref
the two eldest daughters didn't want to leave the town
roedd ganddyn nhw sawl cariad yn y ddinas
they had several lovers in the city
ac yr oeddynt yn sicr y byddai i un o'u cariadon eu priodi
and they were sure one of their lovers would marry them
roedden nhw'n meddwl y byddai eu cariadon yn eu priodi hyd yn oed heb unrhyw ffortiwn
they thought their lovers would marry them even with no fortune
ond camsyniasant y merched da
but the good ladies were mistaken
cefnodd eu cariadon nhw yn gyflym iawn
their lovers abandoned them very quickly
oherwydd nid oedd ganddynt ffawd mwyach
because they had no fortunes any more
dangosodd hyn nad oedd pobl yn eu hoffi'n fawr mewn gwirionedd
this showed they were not actually well liked
dywedodd pawb nad ydyn nhw'n haeddu cael eu trueni
everybody said they do not deserve to be pitied
"Rydym yn falch o weld eu balchder yn ostyngedig"
"we are glad to see their pride humbled"
"gadewch iddyn nhw fod yn falch o godro gwartheg"
"let them be proud of milking cows"
ond yr oeddynt yn pryderu am brydferthwch
but they were concerned for Beauty
roedd hi'n greadur mor felys
she was such a sweet creature
siaradodd hi mor garedig â phobl dlawd
she spoke so kindly to poor people
ac yr oedd hi o natur mor ddiniwed
and she was of such an innocent nature
Byddai amryw foneddigion wedi priodi hi
Several gentlemen would have married her

byddent wedi priodi hi er ei bod yn dlawd
they would have married her even though she was poor
ond dywedodd wrthyn nhw na allai hi eu priodi
but she told them she couldn't marry them
am na adawai hi ei thad
because she would not leave her father
roedd hi'n benderfynol o fynd gydag ef i gefn gwlad
she was determined to go with him to the countryside
fel y gallai ei gysuro a'i gynorthwyo
so that she could comfort and help him
Yr oedd prydferthwch gwael yn alarus iawn ar y dechreu
Poor Beauty was very grieved at first
yr oedd hi yn alarus o golli ei ffortiwn
she was grieved by the loss of her fortune
"ond ni fydd crio yn newid fy ffawd"
"but crying won't change my fortunes"
"Rhaid i mi geisio gwneud fy hun yn hapus heb gyfoeth"
"I must try to make myself happy without wealth"
daethant i'w plasty
they came to their country house
ac ymgymhwysodd y marsiandwr a'i dri mab at hwsmonaeth
and the merchant and his three sons applied themselves to husbandry
cododd prydferthwch am bedwar y boreu
Beauty rose at four in the morning
a hi a frysiodd i lanhau y tŷ
and she hurried to clean the house
a sicrhaodd fod y cinio yn barod
and she made sure dinner was ready
yn y dechrau roedd hi'n gweld ei bywyd newydd yn anodd iawn
in the beginning she found her new life very difficult
am nad oedd hi wedi arfer â'r fath waith
because she had not been used to such work
ond mewn llai na deufis tyfodd yn gryfach
but in less than two months she grew stronger

ac yr oedd hi yn iachach nag erioed o'r blaen
and she was healthier than ever before
wedi iddi wneyd ei gwaith darllenodd Mr
after she had done her work she read
roedd hi'n chwarae ar yr harpsicord
she played on the harpsichord
neu hi a ganodd tra'n nyddu sidan
or she sung whilst she spun silk
i'r gwrthwyneb, nid oedd ei dwy chwaer yn gwybod sut i dreulio eu hamser
on the contrary, her two sisters did not know how to spend their time
codasant am ddeg a gwneud dim byd ond diogi drwy'r dydd
they got up at ten and did nothing but laze about all day
galarnasant am golli eu dillad cain
they lamented the loss of their fine clothes
a chwynent am golli eu cydnabod
and they complained about losing their acquaintances
"Edrychwch ar ein chwaer ieuengaf," medden nhw wrth ei gilydd
"Have a look at our youngest sister," they said to each other
"am greadur tlawd a gwirion yw hi"
"what a poor and stupid creature she is"
"mae'n golygu bod yn fodlon ar gyn lleied"
"it is mean to be content with so little"
yr oedd y masnachwr caredig o farn hollol wahanol
the kind merchant was of quite a different opinion
roedd yn gwybod yn iawn bod harddwch yn rhagori ar ei chwiorydd
he knew very well that Beauty outshone her sisters
roedd hi'n rhagori arnyn nhw o ran cymeriad yn ogystal â meddwl
she outshone them in character as well as mind
roedd yn edmygu ei gostyngeiddrwydd a'i gwaith caled
he admired her humility and her hard work
ond yn benaf oll yr oedd yn edmygu ei hamynedd

but most of all he admired her patience
gadawodd ei chwiorydd yr holl waith iddi i'w wneud
her sisters left her all the work to do
ac yr oeddynt yn ei sarhau bob eiliad
and they insulted her every moment
Roedd y teulu wedi byw fel hyn ers tua blwyddyn
The family had lived like this for about a year
yna cafodd y masnachwr lythyr gan gyfrifydd
then the merchant got a letter from an accountant
roedd ganddo fuddsoddiad mewn llong
he had an investment in a ship
ac yr oedd y llong wedi cyrhaedd yn ddiogel
and the ship had safely arrived
t trodd ei newyddion benau y ddwy ferch hynaf
this news turned the heads of the two eldest daughters
roedd ganddynt obeithion ar unwaith o ddychwelyd i'r dref
they immediately had hopes of returning to town
oherwydd eu bod yn eithaf diflasu ar fywyd gwlad
because they were quite weary of country life
aethant at eu tad fel yr oedd yn ymadael
they went to their father as he was leaving
erfyniasant arno brynu dillad newydd iddynt
they begged him to buy them new clothes
ffrogiau, rhubanau, a phob math o bethau bach
dresses, ribbons, and all sorts of little things
ond gofynnodd harddwch am ddim
but Beauty asked for nothing
oherwydd roedd hi'n meddwl nad oedd yr arian yn mynd i fod yn ddigon
because she thought the money wasn't going to be enough
ni fyddai digon i brynu popeth yr oedd ei chwiorydd ei eisiau
there wouldn't be enough to buy everything her sisters wanted
"Beth hoffech chi, harddwch?" gofynnodd ei thad
"What would you like, Beauty?" asked her father

"diolch, nhad, am y daioni i feddwl am danaf," ebe hithau
"thank you, father, for the goodness to think of me," she said
"Dad, byddwch mor garedig â dod â rhosyn i mi"
"father, be so kind as to bring me a rose"
"achos does dim rhosod yn tyfu yma yn yr ardd"
"because no roses grow here in the garden"
"ac mae rhosod yn fath o brinder"
"and roses are a kind of rarity"
nid oedd harddwch yn gofalu am rosod mewn gwirionedd
Beauty didn't really care for roses
ni ofynnodd hi ond am rywbeth i beidio condemnio ei chwiorydd
she only asked for something not to condemn her sisters
ond meddyliodd ei chwiorydd ei bod yn gofyn am rosod am resymau eraill
but her sisters thought she asked for roses for other reasons
"Fe wnaeth hi dim ond i edrych yn benodol"
"she did it just to look particular"
Aeth y dyn caredig ar ei daith
The kind man went on his journey
ond wedi cyrhaedd dadleuent am y marsiandiaeth
but when he arrived they argued about the merchandise
ac wedi llawer o helbul daeth yn ol mor dlawd ag o'r blaen
and after a lot of trouble he came back as poor as before
bu o fewn ychydig oriau i'w dŷ ei hun
he was within a couple of hours of his own house
ac yr oedd eisoes yn dychymygu y llawenydd o weled ei blant
and he already imagined the joy of seeing his children
ond wrth fyned trwy goedwig aeth ar goll
but when going through forest he got lost
roedd hi'n bwrw glaw ac yn bwrw eira'n ofnadwy
it rained and snowed terribly
roedd y gwynt mor gryf nes ei daflu oddi ar ei farch
the wind was so strong it threw him off his horse
ac yr oedd y nos yn dyfod yn gyflym

and night was coming quickly
dechreuodd feddwl y gallai newynu
he began to think that he might starve
a thybiai y gallai rewi i farwolaeth
and he thought that he might freeze to death
a meddyliodd y gallai bleiddiaid ei fwyta
and he thought wolves may eat him
y bleiddiaid a glywai yn udo o'i amgylch
the wolves that he heard howling all round him
ond yn sydyn gwelodd oleuni
but all of a sudden he saw a light
gwelodd y golau o bell drwy'r coed
he saw the light at a distance through the trees
pan ddaeth yn nes gwelodd y golau yn balas
when he got closer he saw the light was a palace
yr oedd y palas wedi ei oleuo o'r top i'r gwaelod
the palace was illuminated from top to bottom
diolchodd y masnachwr i Dduw am ei lwc
the merchant thanked God for his luck
a brysiodd i'r palas
and he hurried to the palace
ond synnai wrth weled neb yn y palas
but he was surprised to see no people in the palace
yr oedd iard y cwrt yn hollol wag
the court yard was completely empty
ac nid oedd argoel o fywyd yn unman
and there was no sign of life anywhere
canlynodd ei farch ef i'r palas
his horse followed him into the palace
ac yna daeth ei farch o hyd i ystabl fawr
and then his horse found large stable
yr oedd yr anifail tlawd bron a newynu
the poor animal was almost famished
felly aeth ei geffyl i mewn i chwilio am wair a cheirch
so his horse went in to find hay and oats
yn ffodus daeth o hyd i ddigonedd i'w fwyta

fortunately he found plenty to eat
a'r masnachwr a rwymodd ei farch i fyny wrth y preseb
and the merchant tied his horse up to the manger
yn cerdded tua'r tŷ ni welodd neb
walking towards the house he saw no one
ond mewn neuadd fawr canfyddodd dân da
but in a large hall he found a good fire
a chafodd fwrdd wedi ei osod i un
and he found a table set for one
yr oedd yn wlyb gan y gwlaw a'r eira
he was wet from the rain and snow
felly efe a aeth yn ymyl y tân i sychu ei hun
so he went near the fire to dry himself
"Rwy'n gobeithio y bydd meistr y tŷ yn fy esgusodi"
"I hope the master of the house will excuse me"
"Mae'n debyg na fydd yn cymryd yn hir i rywun ymddangos"
"I suppose it won't take long for someone to appear"
Arhosodd gryn amser
He waited a considerable time
arhosodd nes iddo daro un ar ddeg, ac ni ddaeth neb o hyd
he waited until it struck eleven, and still nobody came
o'r diwedd yr oedd mor newynog fel na allai aros mwyach
at last he was so hungry that he could wait no longer
cymerodd ychydig o gyw iâr a'i fwyta mewn dau lond ceg
he took some chicken and ate it in two mouthfuls
roedd yn crynu wrth fwyta'r bwyd
he was trembling while eating the food
wedi hyn yfodd ychydig wydraid o win
after this he drank a few glasses of wine
tyfu yn fwy gwrol aeth allan o'r neuadd
growing more courageous he went out of the hall
a chroesodd trwy amryw neuaddau mawreddog
and he crossed through several grand halls
cerddodd trwy y palas nes dyfod i ystafell
he walked through the palace until he came into a chamber

ystafell yr oedd gwely rhagorol o dda ynddi
a chamber which had an exceeding good bed in it
yr oedd yn lluddedig iawn o'i ddioddefaint
he was very much fatigued from his ordeal
ac yr oedd yr amser eisoes wedi myned heibio hanner nos
and the time was already past midnight
felly penderfynodd mai cau'r drws oedd orau
so he decided it was best to shut the door
a daeth i'r casgliad y dylai fynd i'r gwely
and he concluded he should go to bed
Roedd hi'n ddeg y bore pan ddeffrodd y masnachwr
It was ten in the morning when the merchant woke up
yn union fel yr oedd yn mynd i godi gwelodd rywbeth
just as he was going to rise he saw something
roedd wedi syfrdanu wrth weld set lân o ddillad
he was astonished to see a clean set of clothes
yn y man yr oedd wedi gadael ei ddillad budron
in the place where he had left his dirty clothes
"Yn sicr mae'r palas hwn yn perthyn i ryw dylwyth teg caredig"
"certainly this palace belongs to some kind fairy"
" tylwythen deg sydd wedi fy ngweld ac wedi trueni fi"
"a fairy who has seen and pitied me"
edrychodd trwy ffenestr
he looked through a window
ond yn lle eira gwelodd yr ardd hyfrydaf
but instead of snow he saw the most delightful garden
ac yn yr ardd yr oedd y rhosod harddaf
and in the garden were the most beautiful roses
dychwelodd wedyn i'r neuadd fawr
he then returned to the great hall
y neuadd lle cafodd gawl y noson gynt
the hall where he had had soup the night before
a daeth o hyd i siocled ar fwrdd bach
and he found some chocolate on a little table
"Diolch yn fawr, dda Madam Fairy," meddai yn uchel

"Thank you, good Madam Fairy," he said aloud
"diolch am fod mor ofalgar"
"thank you for being so caring"
"Rwy'n hynod o rwymedigaeth i chi am eich holl ffafrau"
"I am extremely obliged to you for all your favours"
yfodd y dyn caredig ei siocled
the kind man drank his chocolate
ac yna aeth i edrych am ei farch
and then he went to look for his horse
ond yn yr ardd cofiai gais harddwch
but in the garden he remembered Beauty's request
ac efe a dorrodd ymaith gangen o rosod
and he cut off a branch of roses
ar unwaith clywodd swn mawr
immediately he heard a great noise
a gwelodd fwystfil dychrynllyd
and he saw a terribly frightful Beast
roedd cymaint o ofn arno fel ei fod yn barod i lewygu
he was so scared that he was ready to faint
"Yr ydych yn anniolchgar iawn," meddai'r bwystfil wrtho
"You are very ungrateful," said the Beast to him
a'r bwystfil a lefarodd mewn llais ofnadwy
and the Beast spoke in a terrible voice
"Rwyf wedi achub eich bywyd trwy adael i chi ddod i mewn i'm castell"
"I have saved your life by allowing you into my castle"
"ac am hyn yr ydych yn dwyn fy rhosod yn gyfnewid?"
"and for this you steal my roses in return?"
"Y rhosod yr wyf yn eu gwerthfawrogi y tu hwnt i unrhyw beth"
"The roses which I value beyond anything"
"Ond byddwch chi'n marw am yr hyn rydych chi wedi'i wneud"
"but you shall die for what you've done"
"Rwy'n rhoi ond chwarter awr i chi baratoi eich hun"
"I give you but a quarter of an hour to prepare yourself"

"Paratowch eich hun ar gyfer marwolaeth a dywedwch eich gweddïau"
"get yourself ready for death and say your prayers"
syrthiodd y masnachwr ar ei liniau
the merchant fell on his knees
ac efe a gododd ei ddwy law
and he lifted up both his hands
"Fy arglwydd, yr wyf yn erfyn arnoch faddau i mi"
"My lord, I beseech you to forgive me"
"Doedd gen i ddim bwriad eich tramgwyddo"
"I had no intention of offending you"
"Mi wnes i gasglu rhosyn i un o'm merched"
"I gathered a rose for one of my daughters"
"gofynnodd i mi ddod â rhosyn iddi"
"she asked me to bring her a rose"
"Nid myfi yw eich arglwydd, ond bwystfil wyf," atebai yr anghenfil
"I am not your lord, but I am a Beast," replied the monster
"Dydw i ddim yn caru canmoliaeth"
"I don't love compliments"
"Rwy'n hoffi pobl sy'n siarad fel y maent yn meddwl"
"I like people who speak as they think"
"Peidiwch â dychmygu y gallaf gael fy syfrdanu gan weniaith"
"do not imagine I can be moved by flattery"
"Ond rydych chi'n dweud bod gennych chi ferched"
"But you say you have got daughters"
"Byddaf yn maddau i chi ar un amod"
"I will forgive you on one condition"
"Rhaid i un o'ch merched ddod i'm palas yn fodlon"
"one of your daughters must come to my palace willingly"
"a rhaid iddi ddioddef drosoch"
"and she must suffer for you"
"Gadewch i mi gael eich gair"
"Let me have your word"
"ac yna gallwch chi fynd o gwmpas eich busnes"

"and then you can go about your business"
"Addo hyn i mi:"
"Promise me this:"
"Os bydd eich merch yn gwrthod marw drosoch, rhaid i chi ddychwelyd o fewn tri mis"
"if your daughter refuses to die for you, you must return within three months"
nid oedd gan y masnachwr unrhyw fwriad i aberthu ei ferched
the merchant had no intentions to sacrifice his daughters
ond, gan ei fod yn cael amser, yr oedd am weled ei ferched unwaith yn rhagor
but, since he was given time, he wanted to see his daughters once more
felly addawodd y dychwelai
so he promised he would return
a'r bwystfil a fynegodd iddo y cai efe gychwyn pan y mynai
and the Beast told him he might set out when he pleased
a'r bwystfil a fynegodd iddo un peth arall
and the Beast told him one more thing
"Ni fyddwch yn mynd yn waglaw"
"you shall not depart empty handed"
"Ewch yn ôl i'r ystafell lle rydych chi'n gorwedd"
"go back to the room where you lay"
"Fe welwch chi gist drysor wag wych"
"you will see a great empty treasure chest"
"Llenwch y gist drysor gyda beth bynnag yr ydych yn ei hoffi orau"
"fill the treasure chest with whatever you like best"
"a byddaf yn anfon y gist drysor i'ch cartref"
"and I will send the treasure chest to your home"
ac ar yr un pryd tynnodd y bwystfil yn ôl
and at the same time the Beast withdrew
"Wel," meddai y dyn da wrtho'i hun
"Well," said the good man to himself
"Os bydd rhaid i mi farw, mi adawaf rywbeth i'm plant o

leiaf"
"if I must die, I shall at least leave something to my children"
felly dychwelodd i'r ystafell wely
so he returned to the bedchamber
a chafodd lawer iawn o ddarnau aur
and he found a great many pieces of gold
llanwodd y gist drysor yr oedd y bwystfil wedi ei grybwyll
he filled the treasure chest the Beast had mentioned
a chymerodd ei farch allan o'r ystabl
and he took his horse out of the stable
yr oedd y llawenydd a deimlai wrth fyned i mewn i'r palas yn awr yn gyfartal i'r galar a deimlai yn ei adael
the joy he felt when entering the palace was now equal to the grief he felt leaving it
y march a gymerth un o heolydd y goedwig
the horse took one of the roads of the forest
ac yn mhen ychydig oriau yr oedd y gwr da adref
and in a few hours the good man was home
daeth ei blant ato
his children came to him
ond yn lle derbyn eu cofleidiadau gyda phleser, efe a edrychodd arnynt
but instead of receiving their embraces with pleasure, he looked at them
daliodd i fyny y gangen oedd ganddo yn ei ddwylo
he held up the branch he had in his hands
ac yna efe a rwygodd yn ddagrau
and then he burst into tears
"harddwch," meddai, "cymerwch y rhosod hyn os gwelwch yn dda"
"Beauty," he said, "please take these roses"
"Allwch chi ddim gwybod pa mor gostus fu'r rhosod hyn"
"you can't know how costly these roses have been"
"Mae'r rhosod hyn wedi costio ei fywyd i'ch tad"
"these roses have cost your father his life"
ac yna adroddodd am ei antur angheuol

and then he told of his fatal adventure
ar unwaith gwaeddodd y ddwy chwaer hynaf
immediately the two eldest sisters cried out
a dywedasant lawer o bethau dirion wrth eu chwaer brydferth
and they said many mean things to their beautiful sister
ond nid oedd harddwch yn crio o gwbl
but Beauty did not cry at all
"Edrychwch ar falchder y druenus bach yna," medden nhw
"Look at the pride of that little wretch," said they
"Wnaeth hi ddim gofyn am ddillad mân"
"she did not ask for fine clothes"
"dylai hi fod wedi gwneud yr hyn a wnaethom"
"she should have done what we did"
"Roedd hi eisiau gwahaniaethu ei hun"
"she wanted to distinguish herself"
"Felly nawr bydd hi yn farwolaeth ein tad"
"so now she will be the death of our father"
"ac eto nid yw hi'n taflu deigryn"
"and yet she does not shed a tear"
"Pam ddylwn i grio?" atebodd harddwch
"Why should I cry?" answered Beauty
"Byddai crio yn ddiangen iawn"
"crying would be very needless"
"Ni fydd fy nhad yn dioddef drosof"
"my father will not suffer for me"
"Bydd yr anghenfil yn derbyn un o'i ferched"
"the monster will accept of one of his daughters"
"Byddaf yn cynnig fy hun hyd at ei holl gynddaredd"
"I will offer myself up to all his fury"
"Rwy'n hapus iawn, oherwydd bydd fy marwolaeth yn achub bywyd fy nhad"
"I am very happy, because my death will save my father's life"
"Bydd fy marwolaeth yn brawf o'm cariad"
"my death will be a proof of my love"
"Na, chwaer," meddai ei thri brawd

"No, sister," said her three brothers
"na fydd"
"that shall not be"
"Fe awn ni i chwilio am yr anghenfil"
"we will go find the monster"
"A naill ai byddwn yn ei ladd ..."
"and either we will kill him..."
"...neu byddwn yn trengi yn yr ymgais"
"... or we will perish in the attempt"
"Peidiwch â dychmygu dim o'r fath, fy meibion," meddai'r masnachwr
"Do not imagine any such thing, my sons," said the merchant
"Mae nerth y bwystfil mor fawr fel nad oes gen i obaith y gallech chi ei orchfygu"
"the Beast's power is so great that I have no hope you could overcome him"
"Rwyf wedi fy swyno gan gynnig caredig a hael harddwch"
"I am charmed with Beauty's kind and generous offer"
"ond ni allaf dderbyn ei haelioni"
"but I cannot accept to her generosity"
"Rwy'n hen, a does gen i ddim hir i fyw"
"I am old, and I don't have long to live"
"felly alla i ddim ond colli ychydig o flynyddoedd"
"so I can only loose a few years"
"amser dwi'n difaru i chi, fy mhlant annwyl"
"time which I regret for you, my dear children"
"Ond tad," meddai harddwch
"But father," said Beauty
"Ni chei fynd i'r palas hebof fi"
"you shall not go to the palace without me"
"Ni allwch fy atal rhag eich dilyn"
"you cannot stop me from following you"
ni allai dim argyhoeddi harddwch fel arall
nothing could convince Beauty otherwise
mynnodd hi fynd i'r palas braf
she insisted on going to the fine palace

ac yr oedd ei chwiorydd wrth eu bodd yn ei haerwch
and her sisters were delighted at her insistence
Roedd y masnachwr yn poeni am y syniad o golli ei ferch
The merchant was worried at the thought of losing his daughter
roedd yn poeni cymaint nes iddo anghofio am y frest yn llawn aur
he was so worried that he had forgotten about the chest full of gold
yn y nos ymddeolodd i orffwys, a chauodd ddrws ei siambr
at night he retired to rest, and he shut his chamber door
yna, er mawr syndod iddo, daeth o hyd i'r trysor wrth erchwyn ei wely
then, to his great astonishment, he found the treasure by his bedside
roedd yn benderfynol o beidio â dweud wrth ei blant
he was determined not to tell his children
pe byddent yn gwybod, byddent wedi dymuno dychwelyd i'r dref
if they knew, they would have wanted to return to town
a phenderfynwyd ef i beidio gadael y wlad
and he was resolved not to leave the countryside
ond ymddiriedai harddwch â'r gyfrinach
but he trusted Beauty with the secret
hi a hysbysodd fod dau foneddwr wedi dyfod
she informed him that two gentlemen had came
a gwnaethant gynygion i'w chwiorydd
and they made proposals to her sisters
erfyniodd ar ei thad i gydsynio a'u priodas
she begged her father to consent to their marriage
a hi a ofynodd iddo roddi peth o'i ffortiwn iddynt
and she asked him to give them some of his fortune
roedd hi eisoes wedi maddau iddyn nhw
she had already forgiven them
rhwbiodd y creaduriaid drygionus eu llygaid â nionod
the wicked creatures rubbed their eyes with onions

i orfodi rhai dagrau wrth ymadael â'u chwaer
to force some tears when they parted with their sister
ond yr oedd ei brodyr yn bryderus iawn
but her brothers really were concerned
harddwch oedd yr unig un nad oedd yn taflu unrhyw ddagrau
Beauty was the only one who did not shed any tears
nid oedd hi am gynyddu eu hanesmwythder
she did not want to increase their uneasiness
cymerodd y ceffyl y ffordd uniongyrchol i'r palas
the horse took the direct road to the palace
a thua'r hwyr gwelsant y palas goleuedig
and towards evening they saw the illuminated palace
cymerodd y ceffyl ei hun i'r ystabl eto
the horse took himself into the stable again
ac aeth y gwr da a'i ferch i'r neuadd fawr
and the good man and his daughter went into the great hall
yma daethant o hyd i fwrdd wedi ei weini yn ardderchog
here they found a table splendidly served up
nid oedd gan y masnachwr archwaeth i'w fwyta
the merchant had no appetite to eat
ond ymdrechodd prydferthwch i ymddangos yn siriol
but Beauty endeavoured to appear cheerful
eisteddodd i lawr wrth y bwrdd a helpu ei thad
she sat down at the table and helped her father
ond meddyliodd hithau wrthi ei hun hefyd:
but she also thought to herself:
"Mae bwystfil yn sicr eisiau fy pesgi cyn iddo fy bwyta"
"Beast surely wants to fatten me before he eats me"
"Dyna pam ei fod yn darparu cymaint o adloniant"
"that is why he provides such plentiful entertainment"
wedi iddynt fwyta clywsant swn mawr
after they had eaten they heard a great noise
a ffarweliodd y masnachwr â'i blentyn anffodus, a dagrau yn ei lygaid
and the merchant bid his unfortunate child farewell, with tears

in his eyes
am ei fod yn gwybod fod y bwystfil yn dod
because he knew the Beast was coming
yr oedd prydferthwch wedi ei ddychryn gan ei ffurf erchyll
Beauty was terrified at his horrid form
ond cymerodd wroldeb cystal ag y gallai
but she took courage as well as she could
a gofynnodd yr anghenfil iddi a ddaeth yn ewyllysgar
and the monster asked her if she came willingly
" do, yr wyf wedi dyfod yn ewyllysgar," ebe hithau yn crynu
"yes, I have come willingly," she said trembling
atebodd y bwystfil, "Rwyt ti'n dda iawn"
the Beast responded, "You are very good"
"ac y mae yn ddyledswydd arnaf i chwi ; dyn gonest"
"and I am greatly obliged to you; honest man"
"Ewch eich ffyrdd bore yfory"
"go your ways tomorrow morning"
"Ond peidiwch byth â meddwl am ddod yma eto"
"but never think of coming here again"
"Ffarwel harddwch, bwystfil ffarwel," atebodd
"Farewell Beauty, farewell Beast," he answered
ac ar unwaith tynnodd yr anghenfil yn ôl
and immediately the monster withdrew
" O, ferch," meddai y masnachwr
"Oh, daughter," said the merchant
a chofleidiodd ei ferch unwaith yn rhagor
and he embraced his daughter once more
"Rwyf bron wedi dychryn i farwolaeth"
"I am almost frightened to death"
"Credwch fi, roedd yn well ichi fynd yn ôl"
"believe me, you had better go back"
"Gadewch i mi aros yma, yn lle chi"
"let me stay here, instead of you"
"Na, nhad," meddai harddwch, mewn tôn gadarn
"No, father," said Beauty, in a resolute tone
"Byddwch yn gosod allan bore yfory"

"you shall set out tomorrow morning"
"gada fi i ofal ac amddiffyniad rhagluniaeth"
"leave me to the care and protection of providence"
er hynny aethant i'r gwely
nonetheless they went to bed
roedden nhw'n meddwl na fydden nhw'n cau eu llygaid drwy'r nos
they thought they would not close their eyes all night
ond yn union fel y gorweddent hwy a hunasant
but just as they lay down they slept
Breuddwydiodd harddwch daeth gwraig hardd a dweud wrthi:
Beauty dreamed a fine lady came and said to her:
"Rwy'n fodlon, harddwch, gyda'ch ewyllys da"
"I am content, Beauty, with your good will"
"Ni chaiff y weithred dda hon o'ch eiddo chwi mo'i gwobr"
"this good action of yours shall not go unrewarded"
Deffrodd harddwch a dweud wrth ei thad ei breuddwyd
Beauty waked and told her father her dream
helpodd y freuddwyd i'w gysuro ychydig
the dream helped to comfort him a little
ond ni allai helpu crio yn chwerw wrth iddo ymadael
but he could not help crying bitterly as he was leaving
cyn gynted ag yr oedd wedi mynd, harddwch eistedd i lawr yn y neuadd fawr ac yn crio hefyd
as soon as he was gone, Beauty sat down in the great hall and cried too
ond penderfynodd beidio â bod yn anesmwyth
but she resolved not to be uneasy
penderfynodd fod yn gryf am yr ychydig amser oedd ganddi ar ôl i fyw
she decided to be strong for the little time she had left to live
am ei bod yn credu yn bendant y byddai'r bwystfil yn ei fwyta
because she firmly believed the Beast would eat her
fodd bynnag, roedd hi'n meddwl y gallai hi hefyd

archwilio'r palas
however, she thought she might as well explore the palace
ac roedd hi eisiau gweld y castell gwych
and she wanted to view the fine castle
castell na allai hi helpu i'w edmygu
a castle which she could not help admiring
yr oedd yn balasdy hyfryd o hyfryd
it was a delightfully pleasant palace
a synnai yn hynod wrth weled drws
and she was extremely surprised at seeing a door
a thros y drws yr ysgrifenwyd mai ei hystafell hi ydoedd
and over the door was written that it was her room
agorodd hi'r drws ar frys
she opened the door hastily
ac yr oedd hi wedi ei syfrdanu gan wychder yr ystafell
and she was quite dazzled with the magnificence of the room
yr hyn yn benaf a gymerodd ei sylw oedd llyfrgell fawr
what chiefly took up her attention was a large library
harpsicord a nifer o lyfrau cerdd
a harpsichord and several music books
"Wel," meddai wrthi ei hun
"Well," said she to herself
"Rwy'n gweld na fydd y bwystfil yn gadael i'm hamser hongian yn drwm"
"I see the Beast will not let my time hang heavy"
yna myfyriodd iddi ei hun am ei sefyllfa
then she reflected to herself about her situation
"Pe bawn i fod i aros diwrnod fyddai hyn i gyd ddim yma"
"If I was meant to stay a day all this would not be here"
ysbrydolodd yr ystyriaeth hon hi gyda dewrder ffres
this consideration inspired her with fresh courage
a chymerodd lyfr o'i llyfrgell newydd
and she took a book from her new library
a darllenodd y geiriau hyn mewn llythrennau aur:
and she read these words in golden letters:
"Croeso harddwch, dileu ofn"

"Welcome Beauty, banish fear"
"Rydych chi'n frenhines a meistres yma"
"You are queen and mistress here"
"Siaradwch eich dymuniadau, llefarwch eich ewyllys"
"Speak your wishes, speak your will"
"Mae ufudd-dod cyflym yn cwrdd â'ch dymuniadau yma"
"Swift obedience meets your wishes here"
"Ysywaeth," meddai hi, gydag ochenaid
"Alas," said she, with a sigh
"Yn bennaf oll, hoffwn weld fy nhad tlawd"
"Most of all I wish to see my poor father"
"a hoffwn wybod beth mae'n ei wneud"
"and I would like to know what he is doing"
Cyn gynted ag yr oedd hi wedi dweud hyn sylwodd ar y drych
As soon as she had said this she noticed the mirror
er mawr syndod gwelodd ei chartref ei hun yn y drych
to her great amazement she saw her own home in the mirror
cyrhaeddodd ei thad yn emosiynol flinedig
her father arrived emotionally exhausted
aeth ei chwiorydd i'w gyfarfod
her sisters went to meet him
er gwaethaf eu hymdrechion i ymddangos yn drist, roedd eu llawenydd yn weladwy
despite their attempts to appear sorrowful, their joy was visible
eiliad yn ddiweddarach diflannodd popeth
a moment later everything disappeared
a diflannodd pryderon harddwch hefyd
and Beauty's apprehensions disappeared too
canys gwyddai hi y gallai ymddiried yn y bwystfil
for she knew she could trust the Beast
Am hanner dydd daeth o hyd i ginio yn barod
At noon she found dinner ready
eisteddodd ei hun i lawr wrth y bwrdd
she sat herself down at the table

a diddanwyd hi gan gyngerdd o gerddoriaeth
and she was entertained with a concert of music
er na allai weld neb
although she couldn't see anybody
yn y nos eisteddodd i swper eto
at night she sat down for supper again
y tro hwn clywodd y sŵn a wnaeth y bwystfil
this time she heard the noise the Beast made
ac ni allai hi helpu bod yn ofnus
and she could not help being terrified
"harddwch," meddai yr anghenfil
"Beauty," said the monster
"A ydych yn caniatáu i mi fwyta gyda chi?"
"do you allow me to eat with you?"
"gwnewch fel y mynnwch," atebodd harddwch crynu
"do as you please," Beauty answered trembling
"Na," atebodd y bwystfil
"No," replied the Beast
"Ti yn unig sy'n feistres yma"
"you alone are mistress here"
"Gallwch chi fy anfon i ffwrdd os ydw i'n drafferthus"
"you can send me away if I'm troublesome"
"anfon fi i ffwrdd a byddaf yn tynnu'n ôl ar unwaith"
"send me away and I will immediately withdraw"
"Ond, dywedwch wrthyf; onid ydych yn meddwl fy mod yn hyll iawn?"
"But, tell me; do you not think I am very ugly?"
"Mae hynny'n wir," meddai harddwch
"That is true," said Beauty
"Ni allaf ddweud celwydd"
"I cannot tell a lie"
"Ond rwy'n credu eich bod yn natur dda iawn"
"but I believe you are very good natured"
" Yr wyf yn wir," meddai yr anghenfil
"I am indeed," said the monster
"Ond ar wahân i fy hylltra, does gen i ddim synnwyr

chwaith"
"But apart from my ugliness, I also have no sense"
"Rwy'n gwybod yn iawn fy mod yn greadur gwirion"
"I know very well that I am a silly creature"
"Nid yw'n arwydd o ffolineb i feddwl felly," atebodd harddwch
"It is no sign of folly to think so," replied Beauty
"Bwyta felly, harddwch," meddai'r anghenfil
"Eat then, Beauty," said the monster
"ceisiwch ddifyrru'ch hun yn eich palas"
"try to amuse yourself in your palace"
"Mae popeth yma yn eiddo i chi"
"everything here is yours"
"a byddwn i'n anesmwyth iawn pe na fyddech chi'n hapus"
"and I would be very uneasy if you were not happy"
"Yr ydych yn rhwymedig iawn," atebodd harddwch
"You are very obliging," answered Beauty
"Rwy'n cyfaddef fy mod yn falch o'ch caredigrwydd"
"I admit I am pleased with your kindness"
"a phan ystyriaf eich caredigrwydd, prin y sylwaf ar eich anffurfiadau"
"and when I consider your kindness, I hardly notice your deformities"
"Ie, ie," meddai'r bwystfil, "mae fy nghalon yn dda
"Yes, yes," said the Beast, "my heart is good
"ond er fy mod yn dda, anghenfil ydw i o hyd"
"but although I am good, I am still a monster"
"Mae yna lawer o ddynion sy'n haeddu'r enw hwnnw yn fwy na chi"
"There are many men that deserve that name more than you"
"ac mae'n well gen i ti yn union fel ti"
"and I prefer you just as you are"
"ac mae'n well gen i ti yn fwy na'r rhai sy'n cuddio calon anniolchgar"
"and I prefer you more than those who hide an ungrateful heart"

"pe bai dim ond gen i ryw synnwyr," atebodd y bwystfil
"if only I had some sense," replied the Beast
"pe bai gen i synnwyr byddwn yn gwneud canmoliaeth iawn i ddiolch"
"if I had sense I would make a fine compliment to thank you"
"Ond dwi mor ddiflas"
"but I am so dull"
"Ni allaf ond dweud fy mod yn rhwymedig iawn i chi"
"I can only say I am greatly obliged to you"
bwytaodd harddwch swper swmpus
Beauty ate a hearty supper
a bu bron iddi orchfygu ei braw o'r anghenfil
and she had almost conquered her dread of the monster
ond mynai hi lewygu pan ofynnodd y bwystfil y cwestiwn nesaf iddi
but she wanted to faint when the Beast asked her the next question
"harddwch, a fyddwch chi'n wraig i mi?"
"Beauty, will you be my wife?"
cymerodd beth amser cyn y gallai ateb
she took some time before she could answer
am ei bod yn ofni gwneud ef yn ddig
because she was afraid of making him angry
o'r diwedd, fodd bynnag, dywedodd "na, bwystfil"
at last, however, she said "no, Beast"
ar unwaith yr anghenfil tlawd hisian yn frawychus iawn
immediately the poor monster hissed very frightfully
ac adlais yr holl balas
and the whole palace echoed
ond buan y gwellhaodd prydferthwch o'i braw
but Beauty soon recovered from her fright
am fod bwystfil yn llefaru eto mewn llais galarus
because Beast spoke again in a mournful voice
"yna ffarwel, harddwch"
"then farewell, Beauty"
ac ni throdd ond yn awr ac yn y man

and he only turned back now and then
i edrych arni wrth iddo fynd allan
to look at her as he went out
yn awr harddwch oedd ei ben ei hun eto
now Beauty was alone again
teimlai lawer o dosturi
she felt a great deal of compassion
"Ysywaeth, mae'n fil o drueni"
"Alas, it is a thousand pities"
"Ni ddylai unrhyw beth mor dda ei natur fod mor hyll"
"anything so good natured should not be so ugly"
Treuliodd harddwch dri mis yn fodlon iawn yn y palas
Beauty spent three months very contentedly in the palace
bob hwyr yr oedd y bwystfil yn talu ymweliad iddi
every evening the Beast paid her a visit
a buont yn siarad yn ystod swper
and they talked during supper
siaradent â synnwyr cyffredin
they talked with common sense
ond nid oeddent yn siarad â'r hyn y mae pobl yn ei alw'n ffraethineb
but they didn't talk with what people call wittiness
harddwch bob amser yn darganfod rhyw gymeriad gwerthfawr yn y bwystfil
Beauty always discovered some valuable character in the Beast
ac roedd hi wedi dod i arfer â'i anffurfiad
and she had gotten used to his deformity
nid oedd hi yn ofni amser ei ymweliad mwyach
she didn't dread the time of his visit anymore
yn awr edrychai yn fynych ar ei oriawr
now she often looked at her watch
ac ni allai hi aros iddo fod yn naw o'r gloch
and she couldn't wait for it to be nine o'clock
am na fethodd y bwystfil ddyfod yr awr hono
because the Beast never missed coming at that hour

dim ond un peth oedd yn ymwneud â harddwch
there was only one thing that concerned Beauty
bob nos cyn iddi fynd i'r gwely gofynnodd y bwystfil yr un cwestiwn iddi
every night before she went to bed the Beast asked her the same question
gofynnodd yr anghenfil iddi a fyddai hi'n wraig iddo
the monster asked her if she would be his wife
un diwrnod dywedodd hi wrtho, "Bwystfil, yr wyt yn fy ngwneud yn anesmwyth iawn"
one day she said to him, "Beast, you make me very uneasy"
"Hoffwn pe gallwn gydsynio i'ch priodi"
"I wish I could consent to marry you"
"ond yr wyf yn rhy ddidwyll i wneud i chi gredu y byddwn yn priodi chi"
"but I am too sincere to make you believe I would marry you"
"Ni fydd ein priodas byth yn digwydd"
"our marriage will never happen"
"Byddaf bob amser yn eich gweld fel ffrind"
"I shall always see you as a friend"
"ceisiwch fod yn fodlon gyda hyn"
"please try to be satisfied with this"
" Rhaid fy mod yn boddloni ar hyn," ebe'r bwystfil
"I must be satisfied with this," said the Beast
"Rwy'n gwybod fy anffawd fy hun"
"I know my own misfortune"
"Ond dwi'n dy garu di gyda'r hoffter tyneraf "
"but I love you with the tenderest affection"
"Fodd bynnag, dylwn i ystyried fy hun yn hapus"
"However, I ought to consider myself as happy"
"a dylwn i fod yn hapus y byddwch chi'n aros yma"
"and I should be happy that you will stay here"
"addo na fydda i byth yn fy ngadael"
"promise me never to leave me"
harddwch gwrido ar y geiriau hyn
Beauty blushed at these words

un diwrnod roedd harddwch yn edrych yn ei drych
one day Beauty was looking in her mirror
roedd ei thad wedi poeni ei hun yn sâl amdani
her father had worried himself sick for her
roedd hi'n dyheu am ei weld eto yn fwy nag erioed
she longed to see him again more than ever
"Fe allwn i addo na fyddwn i byth yn eich gadael yn gyfan gwbl"
"I could promise never to leave you entirely"
"Ond mae gen i awydd mor fawr i weld fy nhad"
"but I have so great a desire to see my father"
"Byddwn i'n hynod ofidus pe baech yn dweud na"
"I would be impossibly upset if you say no"
"Roedd yn well gen i farw fy hun," meddai'r anghenfil
"I had rather die myself," said the monster
"Byddai'n well gen i farw na gwneud i chi deimlo'n anesmwyth"
"I would rather die than make you feel uneasiness"
"Fe'th anfonaf at dy dad"
"I will send you to your father"
"byddwch yn aros gydag ef"
"you shall remain with him"
"a bydd y bwystfil anffodus hwn yn marw gyda galar yn lle"
"and this unfortunate Beast will die with grief instead"
"Na," meddai harddwch, wylo
"No," said Beauty, weeping
"Rwy'n dy garu yn ormodol i fod yn achos eich marwolaeth"
"I love you too much to be the cause of your death"
"Rwy'n rhoi fy addewid i ddychwelyd ymhen wythnos"
"I give you my promise to return in a week"
"Rydych chi wedi dangos i mi fod fy chwiorydd yn briod"
"You have shown me that my sisters are married"
"ac mae fy mrodyr wedi mynd i'r fyddin"
"and my brothers have gone to the army"
"Gadewch imi aros wythnos gyda fy nhad, gan ei fod ar ei ben ei hun"

"let me stay a week with my father, as he is alone"
" Byddwch yno bore fory," ebe'r bwystfil
"You shall be there tomorrow morning," said the Beast
"Ond cofiwch eich addewid"
"but remember your promise"
"Does dim ond angen gosod eich modrwy ar fwrdd cyn mynd i'r gwely"
"You need only lay your ring on a table before you go to bed"
"ac yna fe'ch dygir yn ôl cyn y bore"
"and then you will be brought back before the morning"
"Ffarwel anwyl harddwch," ochneidiodd y bwystfil
"Farewell dear Beauty," sighed the Beast
aeth harddwch i'r gwely yn drist iawn y noson honno
Beauty went to bed very sad that night
achos doedd hi ddim eisiau gweld bwystfil mor bryderus
because she didn't want to see Beast so worried
y bore wedyn cafodd ei hun yng nghartref ei thad
the next morning she found herself at her father's home
canodd hi gloch fechan wrth ochr ei gwely
she rung a little bell by her bedside
a'r forwyn a roddes ysgrech uchel
and the maid gave a loud shriek
a rhedodd ei thad i fyny'r grisiau
and her father ran upstairs
roedd yn meddwl ei fod yn mynd i farw gyda llawenydd
he thought he was going to die with joy
daliodd hi yn ei freichiau am chwarter awr
he held her in his arms for quarter of an hour
yn y diwedd roedd y cyfarchion cyntaf drosodd
eventually the first greetings were over
dechreuodd harddwch feddwl am godi o'r gwely
Beauty began to think of getting out of bed
ond sylweddolodd nad oedd wedi dod â dillad
but she realized she had brought no clothes
ond dywedodd y forwyn wrthi ei bod wedi dod o hyd i focs
but the maid told her she had found a box

roedd y boncyff mawr yn llawn gynau a ffrogiau
the large trunk was full of gowns and dresses
yr oedd pob gwisg wedi ei gorchuddio ag aur a diemwntau
each gown was covered with gold and diamonds
harddwch diolchodd Bwystfil am ei ofal caredig
Beauty thanked Beast for his kind care
a hi a gymerodd un o'r blaenaf o'r ffrogiau
and she took one of the plainest of the dresses
bwriadai roddi y ffrogiau eraill i'w chwiorydd
she intended to give the other dresses to her sisters
ond ar y meddwl hwnnw diflannodd y gist ddillad
but at that thought the chest of clothes disappeared
Bwystfil wedi mynnu bod y dillad ar ei chyfer yn unig
Beast had insisted the clothes were for her only
dywedodd ei thad wrthi mai felly y bu
her father told her that this was the case
ac yn ebrwydd daeth y boncyff o ddillad yn ol drachefn
and immediately the trunk of clothes came back again
harddwch yn gwisgo ei hun gyda'i dillad newydd
Beauty dressed herself with her new clothes
ac yn y cyfamser aeth morwynion i gyrchu ei chwiorydd
and in the meantime maids went to find her sisters
yr oedd ei dwy chwaer gyda'u gwŷr
both her sister were with their husbands
ond yr oedd ei dwy chwaer yn anhapus iawn
but both her sisters were very unhappy
yr oedd ei chwaer hynaf wedi priodi boneddwr golygus iawn
her eldest sister had married a very handsome gentleman
ond yr oedd mor hoff o hono ei hun fel yr esgeulusodd ei wraig
but he was so fond of himself that he neglected his wife
roedd ei hail chwaer wedi priodi dyn ffraeth
her second sister had married a witty man
ond defnyddiodd ei ffraethineb i boenydio pobl
but he used his wittiness to torment people

ac efe a boenydiodd ei wraig yn benaf oll
and he tormented his wife most of all
gwelodd chwiorydd harddwch hi wedi gwisgo fel tywysoges
Beauty's sisters saw her dressed like a princess
a hwy a glafasant o genfigen
and they were sickened with envy
yn awr yr oedd hi yn harddach nag erioed
now she was more beautiful than ever
nis gallai ei hymddygiad serchog fygu eu cenfigen
her affectionate behaviour could not stifle their jealousy
dywedodd wrthyn nhw pa mor hapus oedd hi gyda'r bwystfil
she told them how happy she was with the Beast
ac yr oedd eu cenfigen yn barod i fyrstio
and their jealousy was ready to burst
Aethant i lawr i'r ardd i wylo am eu hanffawd
They went down into the garden to cry about their misfortune
"Ym mha ffordd y mae'r creadur bach hwn yn well na ni?"
"In what way is this little creature better than us?"
"Pam ddylai hi fod yn gymaint hapusach?"
"Why should she be so much happier?"
" Chwaer," meddai y chwaer hyn
"Sister," said the older sister
"Roedd meddwl newydd daro fy meddwl"
"a thought just struck my mind"
"Gadewch inni geisio ei chadw yma am fwy nag wythnos"
"let us try to keep her here for more than a week"
"efallai y bydd hyn yn cythruddo'r anghenfil gwirion"
"perhaps this will enrage the silly monster"
"Oherwydd byddai hi wedi torri ei gair"
"because she would have broken her word"
"ac yna fe allai ei ddifa hi"
"and then he might devour her"
"dyna syniad gwych," atebodd y chwaer arall
"that's a great idea," answered the other sister

"Rhaid i ni ddangos cymaint o garedigrwydd iddi â phosib"
"we must show her as much kindness as possible"
gwnaeth y chwiorydd hyn eu penderfyniad
the sisters made this their resolution
ac ymddygasant yn serchog iawn at eu chwaer
and they behaved very affectionately to their sister
prydferthwch gwael yn wylo am lawenydd o'u holl garedigrwydd
poor Beauty wept for joy from all their kindness
pan ddaeth yr wythnos i ben, maent yn crio ac yn rhwygo eu gwallt
when the week was expired, they cried and tore their hair
roedden nhw'n ymddangos mor ddrwg i wahanu â hi
they seemed so sorry to part with her
ac addawodd harddwch aros wythnos yn hwy
and Beauty promised to stay a week longer
Yn y cyfamser, ni allai harddwch helpu i fyfyrio ar ei hun
In the meantime, Beauty could not help reflecting on herself
roedd hi'n poeni beth oedd hi'n ei wneud i anifail tlawd
she worried what she was doing to poor Beast
mae hi'n gwybod ei bod hi'n ei garu yn ddiffuant
she know that she sincerely loved him
ac roedd hi wir yn dyheu am ei weld eto
and she really longed to see him again
y ddegfed noson a dreuliodd yn ei thad hefyd
the tenth night she spent at her father's too
breuddwydiodd ei bod yng ngardd y palas
she dreamed she was in the palace garden
a breuddwydiodd hi weled y bwystfil yn estynedig ar y glaswelltyn
and she dreamt she saw the Beast extended on the grass
yr oedd yn ymddangos i waradwydd hi mewn llais marw
he seemed to reproach her in a dying voice
a chyhuddodd yntau hi o anniolchgarwch
and he accused her of ingratitude
deffrodd harddwch o'i chwsg

Beauty woke up from her sleep
a hi a rwygodd yn ddagrau
and she burst into tears
"Onid wyf yn annuwiol iawn?"
"Am I not very wicked?"
" Onid oedd yn greulon o honof i weithredu mor angharedig wrth y bwystfil ?"
"Was it not cruel of me to act so unkindly to the Beast?"
"Fe wnaeth bwystfil bopeth i'm plesio"
"Beast did everything to please me"
"Ai ei bai ef yw ei fod mor hyll?"
"Is it his fault that he is so ugly?"
" Ai ei fai ef yw fod cyn lleied o ffraethineb ganddo ?"
"Is it his fault that he has so little wit?"
"Mae'n garedig ac yn dda, ac mae hynny'n ddigonol"
"He is kind and good, and that is sufficient"
"Pam wnes i wrthod ei briodi?"
"Why did I refuse to marry him?"
"Dylwn i fod yn hapus gyda'r anghenfil"
"I should be happy with the monster"
"edrychwch ar wŷr fy chwiorydd"
"look at the husbands of my sisters"
"Nid yw na ffraethineb, na bod yn olygus yn eu gwneud yn dda"
"neither wittiness, nor a being handsome makes them good"
"Nid yw'r un o'u gwŷr yn eu gwneud yn hapus"
"neither of their husbands makes them happy"
"ond rhinwedd, melyster tymer, ac amynedd"
"but virtue, sweetness of temper, and patience"
"Mae'r pethau hyn yn gwneud menyw yn hapus"
"these things make a woman happy"
"ac mae gan y bwystfil yr holl rinweddau gwerthfawr hyn"
"and the Beast has all these valuable qualities"
" mae yn wir ; nid wyf yn teimlo tynerwch anwyldeb tuag ato"
"it is true; I do not feel the tenderness of affection for him"

"**Ond dwi'n gweld bod gen i'r diolch mwyaf amdano**"
"but I find I have the highest gratitude for him"
"**ac mae gen i'r parch uchaf ohono**"
"and I have the highest esteem of him"
"**ac ef yw fy ffrind gorau**"
"and he is my best friend"
"**Ni wnaf ef yn ddiflas**"
"I will not make him miserable"
"**Pe bawn i mor anniolchgar fyddwn i byth yn maddau i mi fy hun**"
"If were I to be so ungrateful I would never forgive myself"
rhoddodd harddwch ei modrwy ar y bwrdd
Beauty put her ring on the table
a hi a aeth i'r gwely drachefn
and she went to bed again
prin oedd hi yn y gwely cyn iddi syrthio i gysgu
scarce was she in bed before she fell asleep
deffrodd hi eto y bore wedyn
she woke up again the next morning
ac yr oedd hi wrth ei bodd yn cael ei hun ym mhalas y bwystfil
and she was overjoyed to find herself in the Beast's palace
gwisgodd hi un o'i ffrog harddaf i'w blesio
she put on one of her nicest dress to please him
a hi a arosodd yn amyneddgar am yr hwyr
and she patiently waited for evening
daeth yr awr ddymunedig
at last the wished-for hour came
tarodd y cloc naw, ac eto ni ymddangosodd bwystfil
the clock struck nine, yet no Beast appeared
yna ofnai harddwch mai hi oedd achos ei farwolaeth
Beauty then feared she had been the cause of his death
rhedodd hi yn crio o amgylch y palas
she ran crying all around the palace
ar ol ceisio am dano yn mhob man, hi a gofiodd ei breuddwyd

after having sought for him everywhere, she remembered her dream

a hi a redodd at y gamlas yn yr ardd
and she ran to the canal in the garden
yno daeth o hyd i anifail tlawd wedi ei ymestyn allan
there she found poor Beast stretched out
ac yr oedd hi yn sicr ei bod wedi ei ladd
and she was sure she had killed him
hi a'i taflodd ei hun arno heb ddim braw
she threw herself upon him without any dread
roedd ei galon yn dal i guro
his heart was still beating
mae hi'n nôl rhywfaint o ddŵr o'r gamlas
she fetched some water from the canal
a hi a dywalltodd y dwfr ar ei ben ef
and she poured the water on his head
agorodd y bwystfil ei lygaid a siarad â harddwch
the Beast opened his eyes and spoke to Beauty
"Rydych wedi anghofio eich addewid"
"You forgot your promise"
"Roeddwn i mor dorcalonnus i fod wedi dy golli di"
"I was so heartbroken to have lost you"
"Fe wnes i benderfynu llwgu fy hun"
"I resolved to starve myself"
"Ond mae gen i'r hapusrwydd o'ch gweld chi unwaith eto"
"but I have the happiness of seeing you once more"
"felly mae gen i'r pleser o farw yn fodlon"
"so I have the pleasure of dying satisfied"
"Na, anifail annwyl," meddai harddwch, "rhaid i chi beidio â marw"
"No, dear Beast," said Beauty, "you must not die"
"Byw i fod yn ŵr i mi"
"Live to be my husband"
"O'r eiliad yma dwi'n rhoi fy llaw i ti"
"from this moment I give you my hand"
"ac yr wyf yn tyngu fy mod yn neb ond eich un chi"

"and I swear to be none but yours"
"Och! Roeddwn i'n meddwl mai dim ond cyfeillgarwch oedd gen i i chi"
"Alas! I thought I had only a friendship for you"
" ond y mae y galar a deimlaf yn awr yn fy argyhoeddi;"
"but the grief I now feel convinces me;"
"Ni allaf fyw heboch chi"
"I cannot live without you"
roedd harddwch prin wedi dweud y geiriau hyn pan welodd hi olau
Beauty scarce had said these words when she saw a light
pefriodd y palas â goleuni
the palace sparkled with light
tân gwyllt yn goleuo'r awyr
fireworks lit up the sky
a llanwyd yr awyr â cherddoriaeth
and the air filled with music
rhoddodd popeth rybudd o ryw ddigwyddiad gwych
everything gave notice of some great event
ond ni allai dim ddal ei sylw
but nothing could hold her attention
trodd at ei hanwyl anifail
she turned to her dear Beast
y bwystfil y crynodd hi gan ofn
the Beast for whom she trembled with fear
ond mawr oedd ei syndod ar yr hyn a welodd !
but her surprise was great at what she saw!
roedd y bwystfil wedi diflannu
the Beast had disappeared
yn hytrach gwelodd y tywysog mwyaf hyfryd
instead she saw the loveliest prince
roedd hi wedi rhoi terfyn ar y swyn
she had put an end to the spell
swyn o dan yr hwn yr oedd yn debyg i fwystfil
a spell under which he resembled a Beast
yr oedd y tywysog hwn yn deilwng o'i holl sylw

this prince was worthy of all her attention
ond nis gallai hi gynnorthwyo ond gofyn pa le yr oedd y bwystfil
but she could not help but ask where the Beast was
"Rydych chi'n ei weld wrth eich traed," meddai'r tywysog
"You see him at your feet," said the prince
"Roedd tylwythen deg ddrwg wedi fy nghondemnio"
"A wicked fairy had condemned me"
"Roeddwn i i aros yn y siâp yna nes i dywysoges hardd gytuno i'm priodi"
"I was to remain in that shape until a beautiful princess agreed to marry me"
"Cuddiodd y dylwythen deg fy nealltwriaeth"
"the fairy hid my understanding"
"Ti oedd yr unig un oedd yn ddigon hael i gael fy swyno gan ddaioni fy nhymer"
"you were the only one generous enough to be charmed by the goodness of my temper"
cafodd harddwch ei synnu'n hapus
Beauty was happily surprised
a hi a roddodd ei llaw i'r tywysog swynol
and she gave the charming prince her hand
aethant ynghyd i'r castell
they went together into the castle
ac yr oedd prydferthwch wrth ei fodd i ganfod ei thad yn y castell
and Beauty was overjoyed to find her father in the castle
ac yr oedd ei holl deulu yno hefyd
and her whole family were there too
roedd hyd yn oed y wraig hardd a ymddangosodd yn ei breuddwyd yno
even the beautiful lady that appeared in her dream was there
"harddwch," meddai y foneddiges o'r freuddwyd
"Beauty," said the lady from the dream
"Dewch i dderbyn eich gwobr"
"come and receive your reward"

"mae gennych rinwedd yn hytrach na ffraethineb neu edrychiad"
"you have preferred virtue over wit or looks"
"ac rydych chi'n haeddu rhywun y mae'r rhinweddau hyn yn unedig ynddo"
"and you deserve someone in whom these qualities are united"
"Rydych chi'n mynd i fod yn frenhines wych"
"you are going to be a great queen"
"Rwy'n gobeithio na fydd yr orsedd yn lleihau eich rhinwedd"
"I hope the throne will not lessen your virtue"
yna trodd y dylwythen deg at y ddwy chwaer
then the fairy turned to the two sisters
"Rwyf wedi gweld y tu mewn i'ch calonnau"
"I have seen inside your hearts"
"A gwn yr holl falais sydd yn eich calonnau"
"and I know all the malice your hearts contain"
"Byddwch chi'ch dau yn dod yn gerfluniau"
"you two will become statues"
"ond byddwch yn cadw eich meddyliau"
"but you will keep your minds"
"Byddi'n sefyll wrth byrth palas dy chwaer"
"you shall stand at the gates of your sister's palace"
"hapusrwydd dy chwaer fydd dy gosb"
"your sister's happiness shall be your punishment"
"Ni fyddwch yn gallu dychwelyd i'ch gwladwriaethau blaenorol"
"you won't be able to return to your former states"
"oni bai bod y ddau ohonoch yn cyfaddef eich beiau"
"unless, you both admit your faults"
"Ond yr wyf yn rhagweld y byddwch bob amser yn parhau i fod yn ddelwau"
"but I am foresee that you will always remain statues"
"Mae balchder, dicter, gluttony, a segurdod yn cael eu goresgyn weithiau"

"pride, anger, gluttony, and idleness are sometimes conquered"
" **ond gwyrthiau yw tröedigaeth meddyliau cenfigenus a maleisus**"
"but the conversion of envious and malicious minds are miracles"
ar unwaith rhoddodd y dylwythen deg strôc gyda'i hudlath
immediately the fairy gave a stroke with her wand
ac mewn eiliad cludwyd pawb oedd yn y neuadd
and in a moment all that were in the hall were transported
yr oeddynt wedi myned i mewn i oruchafiaethau y tywysog
they had gone into the prince's dominions
deiliaid y tywysog a'i derbyniodd yn llawen
the prince's subjects received him with joy
priododd yr offeiriad harddwch a'r bwystfil
the priest married Beauty and the Beast
a bu fyw gyda hi lawer o flynyddoedd
and he lived with her many years
ac yr oedd eu dedwyddwch yn gyflawn
and their happiness was complete
am fod eu dedwyddwch wedi ei sylfaenu ar rinwedd
because their happiness was founded on virtue

Y Diwedd
The End

www.tranzlaty.com

www.ingramcontent.com/pod-product-compliance
Lightning Source LLC
Chambersburg PA
CBHW012013090526
44590CB00026B/3990